# 少年五行拳

主　　编：谷小兵

副主编：金涛、何利萍

参　　编：杨虎、李晶晶

上海交通大学出版社

SHANGHAI JIAO TONG UNIVERSITY PRESS

## 内容提要

少年五行拳课程是上海市体育学科德育创新研究中心面向上海市青浦区新推出的一门课程。通过学练活动激发学生对中华优秀传统文化的兴趣，并把德育教育渗透于教育教学的各个环节。本书共有 5 个章节，将少年五行拳的学习内容详细讲解清楚，适合全国中小学学生作为教材选用。本书的附录是少年五行拳的教案，选用本教材的教师在教学中如有困难可以借鉴参考该附录。

## 图书在版编目（CIP）数据

少年五行拳 / 谷小兵主编 . —上海：上海交通大学出版社，2025.4. —ISBN 978-7-313-31781-0

I. G634.963

中国版本图书馆 CIP 数据核字第 2024DG0795 号

## 少年五行拳
## SHAONIAN WUXING QUAN

主　　编：谷小兵

| | |
|---|---|
| 出版发行：上海交通大学出版社 | 地　　址：上海市番禺路 951 号 |
| 邮政编码：200030 | 电　　话：021-64071208 |
| 印　　制：上海锦佳印刷有限公司 | 经　　销：全国新华书店 |
| 开　　本：889mm×1194mm　1/16 | 印　　张：6.5 |
| 字　　数：87 千字 | |
| 版　　次：2025 年 4 月第 1 版 | 印　　次：2025 年 4 月第 1 次印刷 |
| 书　　号：ISBN 978-7-313-31781-0 | |
| 定　　价：88.00 元 | |

# 前　言

　　武术是中华民族传统文化的瑰宝。它承载着中华民族的历史血脉和记忆。青浦区是全国武术之乡，有着深厚的中华武术文化底蕴和广泛的群众基础。近年来，大批高水平武术专业出身的老师进入青浦区中小学，使得各校的武术运动开展得有声有色。为了进一步推动学校武术运动的有效开展，挖掘武术的育人价值，我们综合青浦区相关的武术资源，开发了中小学武术育德区域课程"少年五行拳"，让学生在学习中领会青浦武术文化，培养学生的乡土情怀与爱国主义情操，使民族传统体育得以传承和发展。

　　本书是针对青少年群体的初学者编写的"五行拳"启蒙教材。全书共五章，分别讲述"五行拳"的基本功——手型和步型、体能训练的十二个基本动作训练和方法、两套"五行拳"招式动作解析。所有内容都有动作名称、动作分解步骤和相应的配图，指出每个动作易出现的错误及其纠正方法。

# 目　录

# 第一章

# 少年五行拳的基本功：

## 手型

少年五行拳的基本功包括手型、步型两部分。其中，手型主要由拳、掌、勾手构成。练习基本功时，要将手型和步型结合起来，力求动作协调、用力顺达、力点准确。

## （一）拳

**各部位名称：**

拳眼、拳心（即拳头下方的掌心处）、拳面、拳背、拳轮（即拳头靠近小拇指的一端）（见图1-1）。

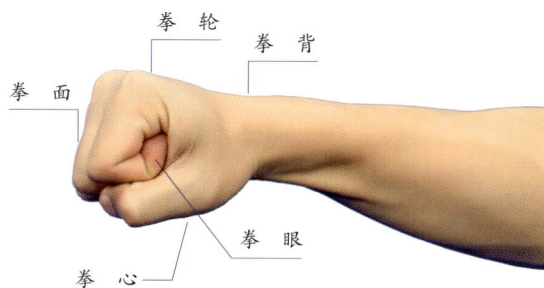

图1-1 拳的结构

**动作说明：**

五指攥紧，拇指压于食指、中指第二指节上。

**动作要领：**

拳握紧、拳面平、直腕。

**易犯错误：**

拳面不平、屈腕。

**纠正方法：**

讲解拳的攻防作用。

**教学提示：**

先示范与讲解拳的规格、要求，再练习手型变换。

## （二）掌

**各部位名称：**

掌心、掌背、掌指（包括所有手指）、掌根、掌外沿（掌外沿约指从指根到手腕上方的手掌外沿部分，不包括手指）（见图1-2）。

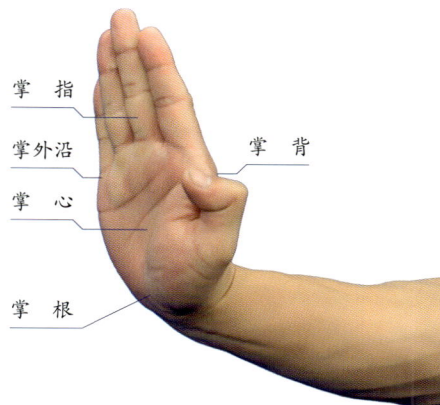

图1-2　掌的结构

**动作说明：**

四指伸直并拢，拇指弯曲紧扣于虎口处。

**动作要领：**

掌心开展、竖指。

**易犯错误：**

松指、掌背外凸。

**纠正方法：**

讲解掌的攻防作用。

**教学提示：**

先示范与讲解掌的规格、要求，再练习手型变换。

### （三）勾手

**各部位名称：**

勾尖（勾尖部分包括所有指尖）、勾顶（见图1-3）。

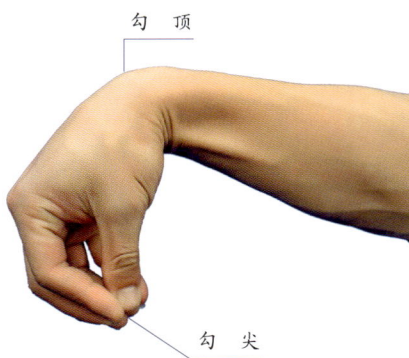

图1-3　勾手的结构

**动作说明：**

五指撮拢成勾，屈腕。

**动作要领：**

屈腕。

**易犯错误：**

松指，腕没有扣紧。

**纠正方法：**

讲解勾手的攻防作用。

**教学提示：**

先示范与讲解勾手的规格、要求，再练习手型变换。

# 第二章

## 少年五行拳的基本功：步型

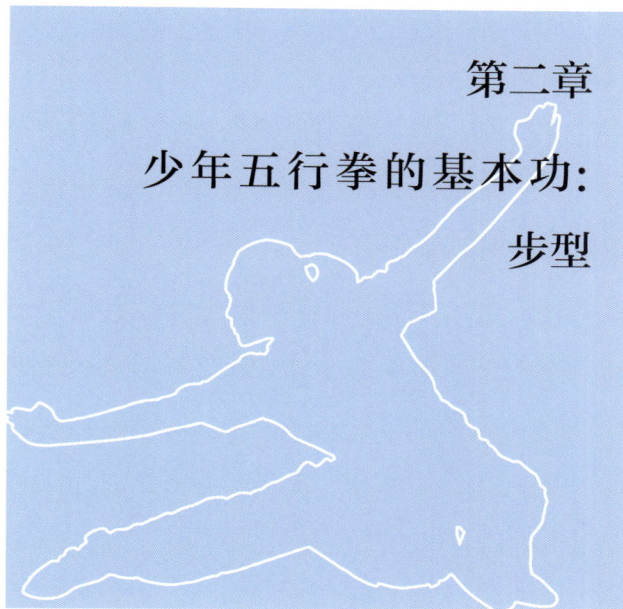

少年五行拳的基本功包括手型、步型两部分。其中步型包括弓步、马步、虚步、仆步、歇步、蹬腿等六个基本步型。练习基本功时，要将手型和步型结合起来，力求动作协调、用力顺达、力点准确。

## （一）弓步

**动作要领**：

前弓后绷不拔根，挺胸立腰髋要沉，髋要里合身要正，脚尖、膝尖相照成垂线（见图2-1）。

**易犯错误**：

前弓拔根、后腿弯曲、躯干向左右侧倾、两脚横向距离小。

**纠正方法**：

（1）在地上画两条纵线，两线距离为5—10厘米，两脚分别踩在内外线上成弓步，并坚持一段时间，以体会动作要领。

（2）前腿大小腿成90度，后腿绷直，后脚抵墙根。两手抱拳于腰间，正对前方。

（3）练习左右弓步转换、弓步马步转换，并结合弓步冲拳等行进间练习。

图2-1 弓 步

## （二）马步

**动作要领**：

挺胸立腰、开髋裹膝、脚跟外撑、脚平头正（见图2-2）。

**易犯错误**：

脚尖外撇、弯腰、跪膝、蹶臀。

**纠正方法**：

（1）靠墙，或背靠背、或面对面对掌，以体会挺胸立腰要求。

（2）两脚成平行下蹲，脚趾抓地，其中一脚可抵于墙根，防止外撇。

（3）推墙成马步，要注意挺胸立腰。

图2-2　马　步

## （三）虚步

**动作要领：**

前虚后实、虚实分明、挺胸立腰（见图2-3）。

**易犯错误：**

虚实不清、重心过高。

**纠正方法：**

（1）单腿蹲起练习，发展单腿支撑能力。

（2）原地练习，右脚外展45度，左脚前伸，绷脚尖，支撑腿慢慢下蹲，前脚虚点地面成虚步。

（3）手扶栏杆等练习，姿势由高到低。

图2-3 虚 步

## （四）仆步

**动作要领**：

一腿全蹲，脚尖稍外展，另一腿伸直平铺地面，脚尖内扣，两脚全掌着地（见图2-4）。

**易犯错误**：

蹲脚拔根、伸直腿容易弯曲、躯干向前倾、两脚横向距离小。

**纠正方法**：

（1）使平铺腿脚外侧抵墙根处，限制脚尖外展上翘和外侧掀起，并用同侧手压平铺腿膝部。

（2）全蹲脚落实，大小腿折叠后，膝关节外展，沉髋、拧腰，也可扶一些固定物辅助练习。

（3）跪压足背，侧压腿练习，以发展下肢柔韧性。

（4）达到要求后，可以做原地或结合手法的练习。

图2-4　仆　步

### （五）歇步

**动作要领：**

两腿交叉靠拢全蹲，左脚全脚着地，脚尖外展，右脚前脚掌着地，膝部靠于前小腿外侧，臀部接于右脚跟处。左腿在下为左歇步，右腿在下为右歇步（见图2-5）。

**易犯错误：**

两腿未贴紧，后腿膝跪地。后腿的膝关节穿过前膝窝，动作不稳。

**纠正方法：**

（1）原地练习时，两腿要夹紧，前脚外展。

（2）以叉步为基础，前后拧转起落成歇步。

（3）结合具体动作做歇步练习。

图2-5　歇　步

### （六）蹬腿

**动作要领：**

左腿屈膝提起，大腿与腰平，左脚脚尖翘起。以脚跟为力点向前猛力蹬出，上体保持正直。目视蹬腿方向（见图2-6）。

**易犯错误：**

提膝与蹬腿不连贯，蹬腿时重心不稳。

**纠正方法：**

（1）提膝时小腿放松，收髋，蹬腿要有寸劲（爆发力）。

（2）结合具体动作做蹬腿练习。

图2-6　蹬　腿

# 第三章
# 少年五行拳的体能练习

　　对于任何武术运动来说，体能都是非常重要的。没有充沛的体能，便不可能准确、连贯、一气呵成地完成各种武术动作。本章主要结合少年五行拳的基本功，介绍体能训练方法，以帮助读者在提升体能的同时，夯实少年五行拳的基本功。

## （一）马步深蹲

**动作要领：**

腰背挺直，手臂前平举，叠掌，下蹲时，臀部后坐，大腿与地面平行。练习时间为20秒（见图3-1）。

## （二）提膝冲拳

**动作要领：**

重心向上提，核心收紧，提膝时大腿主动上抬，脚尖向下，身体对侧拳内旋冲出，外旋收回。练习时间为20秒（见图3-2）。

图3-1　马步深蹲　　　　　　　　图3-2　提膝冲拳

## （三）马步冲拳

**动作要领**：

两脚打开约一肩半，上体垂直，沉肩立腰收腹，脚尖内扣，五趾抓地，下蹲时两手交替冲拳。内旋冲出，另一拳抱于腰间。练习时间为20秒（见图3-3）。

图3-3　马步冲拳

### （四）开合跳

**动作要领：**

脚踝、膝盖放松，腹部始终紧绷，用手臂带动身体跳跃，有弹性。手臂上抬时吸气，下落时呼气。练习时间为20秒（见图3-4）。

### （五）仰卧交替举腿

**动作要领：**

仰卧，双手伸直置于身体两侧，一腿伸直腿抬至与地面成90度，另一条腿向下靠近地面，收紧停在空中，两腿交替进行。练习时间为20秒（见图3-5）。

图3-4　开合跳

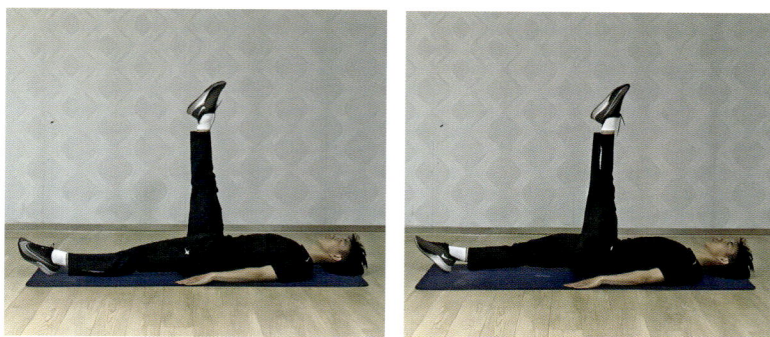

图3-5　仰卧交替举腿

## （六）平板提膝

**动作要领：**

俯撑在瑜伽垫上，身体成平板，依次交替提膝靠近胸部，用腹部力量将大腿向前提。练习时间为20秒（见图3-6）。

## （七）提膝格挡

**动作要领：**

重心向上提，核心收紧，格挡时大腿主动上抬，脚尖向下。练习时间为20秒（见图3-7）。

图3-6　平板提膝

图3-7　提膝格挡

## （八）马步推掌

**动作要领：**

两脚打开约一肩半，上体垂直，沉肩立腰收腹，脚尖内扣，五趾抓地，下蹲时两手交替推掌。内旋冲出，另一掌抱于腰间。练习时间为20秒（见图3-8）。

图3-8　马步推掌

## （九）弓步推掌

**动作要领：**

身体直立，双手向两侧推掌，左右腿依次向前做出弓步动作。练习时间为20秒（见图3-9）。

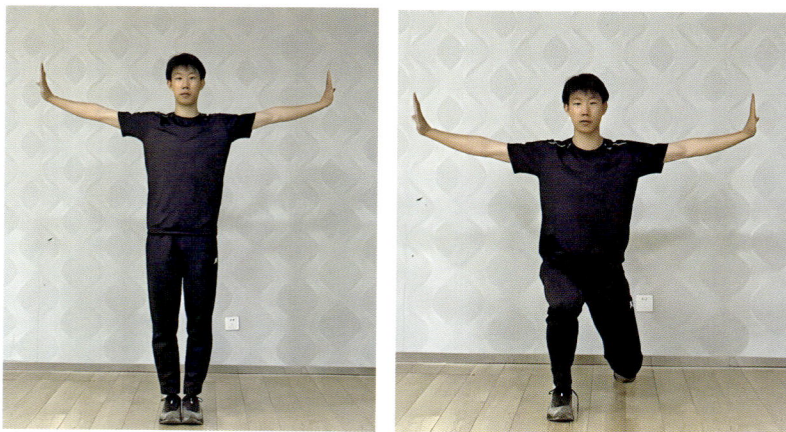

图3-9　弓步推掌

## （十）高抬腿

**动作要领：**

身体直立，左右膝盖依次向上抬起。练习时间为20秒（见图3-10）。

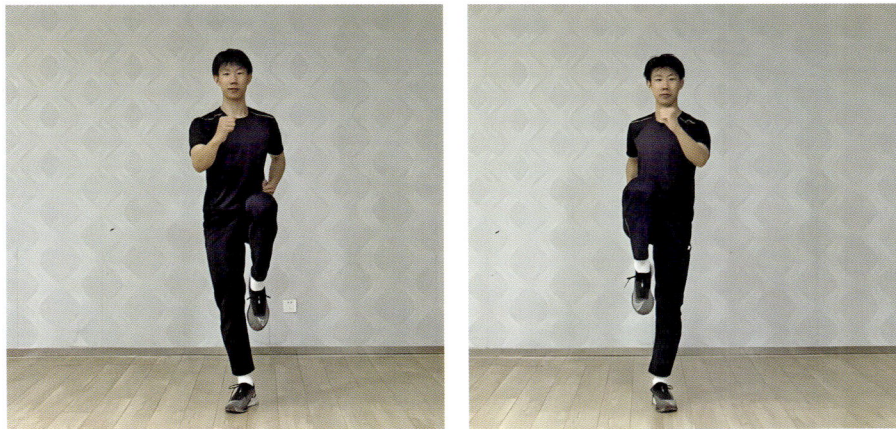

图3-10　高抬腿

## （十一）屈膝卷腹

**动作要领：**

双手后撑仰卧地板上面，屈膝收腹。练习时间为20秒（见图3-11）。

图3-11　屈膝卷腹

### （十二）平板后抬腿

**动作要领：**

身体平板支撑地板上，腹部收紧，依次向后、向上抬起左腿和右腿。练习时间为20秒（见图3-12）。

图3-12　平板后抬腿

第四章

少年五行拳（第一套）

招式动作解析

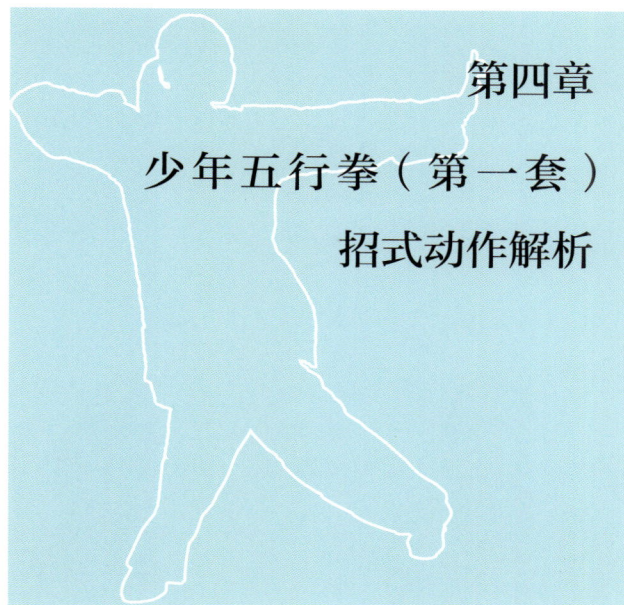

本章主要介绍第一套少年五行拳的招式，共有五个动作：初出茅庐、凿壁借光、闻鸡起舞、磨杵成针、尽忠报国。每个动作均由一系列基本动作组成。建议读者在练习时注意各动作、招式的连贯性。

## （一）初出茅庐

### 动作一：并步抱拳

两脚并步站立，成立正姿势，双手抱拳于腰间，目视前方（见图4-1）。

图4-1　并步抱拳

**动作二：开步横挡**

左脚开立，左手快速横格挡，拳面与肩同高，目视左手（见图4-2）。

图4-2　开步横挡

**动作三：转腰冲拳**

左脚开立，右手从腰间快速拧腰，顺势冲拳，拳背与肩同高，目视冲拳方向（见图4-3）。

图4-3 转腰冲拳

**动作四：并步插掌**

右脚向左脚并步站立，左手于腰间向前方插掌，掌心向上，右手放于左腋下，掌心向下，目视插掌方向前方（见图4-4）。

图4-4 并步插掌

**动作五：并步勾手**

左插掌变为左勾手，目视左勾手（见图4-5）。

图4-5 并步勾手

**动作六：并步推掌**

左手回抱腰间，右手快速向右前方推掌，目视前方（见图4-6）。

图4-6  并步推掌

**动作七：并步抱拳（收势）**

右脚回步，左脚向右脚并步，两手抱于腰间，目视前方。右势动作与左势相同，但左右相反（见图4-7）。

图4-7　并步抱拳（收势）

## （二）凿壁借光

### 动作一：并步抱拳

两脚并步站立，成立正姿势，双手抱拳于腰间，目视前方（见图4-8）。

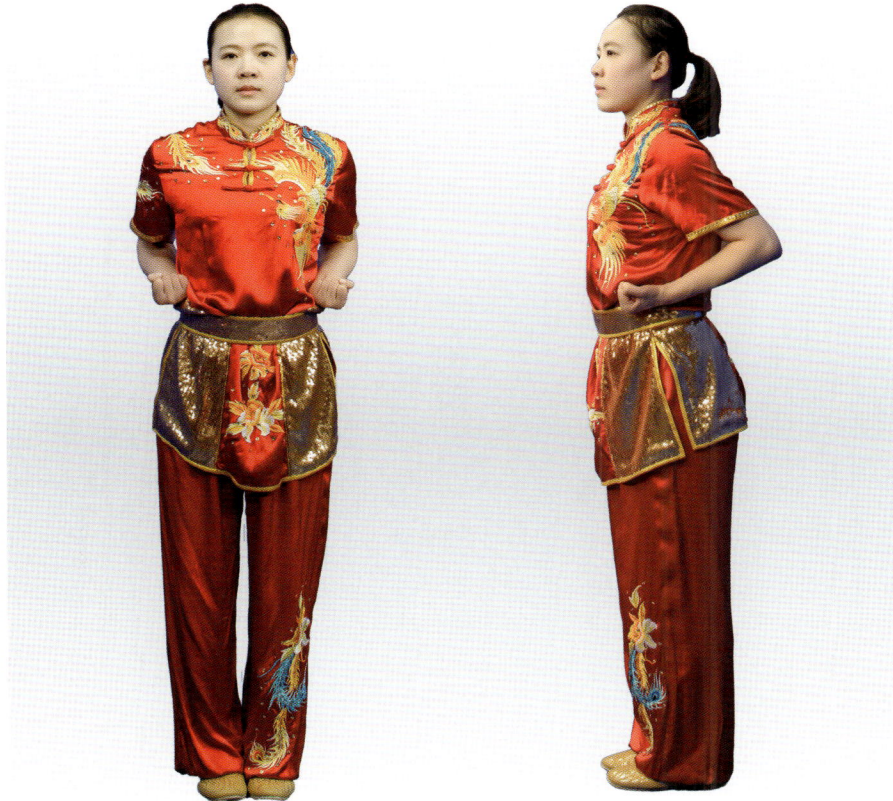

图4-8　并步抱拳

**动作二：震脚上冲拳**

震右脚，同时下蹲，左手绕半圆放于右腋旁成立掌，右手放于腰间，身体站立，同时右手向上成上冲拳，拳面朝上，左转头目视左方（见图4-9）。

图4-9　震脚上冲拳

**动作三：弓步劈拳**

左脚成弓步，右手从上至下成劈拳，拳眼朝上，左手抱于腰间，目视右劈拳方向（见图4-10）。

图4-10　弓步劈拳

**动作四：上步蹬脚**

上右步成站立姿势，同时双手抱拳于腰间，左蹬脚，眼睛目视前方（见图4-11）。

图 4-11　上步蹬脚

**动作五：马步架打**

左蹬腿自然下落成马步，左手向左前方冲平拳，右手握拳成架打动作，拳心向上，头转向左边，目视左拳（见图4-12）。

图4-12 马步架打

**动作六：并步抱拳（收势）**

右脚回步，左脚向右脚并步，两手抱于腰间，目视前方。右势动作与左势相同，但左右相反（见图4-13）。

图4-13 并步抱拳（收势）

## （三）闻鸡起舞

### 动作一：并步抱拳

两脚并步站立，成立正姿势，双手抱拳于腰间，目视前方（见图4-14）。

图4-14　并步抱拳

动作二：弓步十字拳

左脚成弓步，左右手成十字立拳，拳心相对，目视右拳（见图4-15）。

图4-15　弓步十字拳

**动作三：转身挑掌**

身体快速向右转身的同时双拳向右成挑掌，目视右掌（见图4-16）。

图4-16　转身挑掌

**动作四：歇步推掌**

　　右脚向左后方插步同时双手收于腰间，身体下蹲成左歇步，左手向左前方推掌，右手放于左腋旁，目视左掌（见图4-17）。

图4-17　歇步推掌

**动作五：弓步推掌**

左脚成马步，左手下按成掌，马步转换成弓步的同时右手推掌，左手按于左膝，目视右掌（见图4-18）。

图4-18　弓步推掌

**动作六：并步抱拳（收势）**

右脚回步，左脚向右脚并步，两手抱于腰间，目视前方。右势动作与左势相同，但左右相反（见图4-19）。

图4-19　并步抱拳（收势）

## （四）磨杵成针

### 动作一：并步抱拳

两脚并步站立，成立正姿势，双手抱拳于腰间，目视前方（见图4-20）。

图4-20　并步抱拳

**动作二：前后插掌**

上左步的同时右手从腰间穿出向前插掌，左手向后插掌，身体微前倾，目视前方（见图4-21）。

图4-21　前后插掌

**动作三：摆头挑掌**

摆头向后，右手挑掌，左手迅速收回腰间（见图4-22）。

图4-22 摆头挑掌

**动作四：弓步插掌**

左脚成弓步，双手从腰间穿出，交叉向左前方插掌，左手在上，目视左下方（见图4-23）。

图4-23  弓步插掌

**动作五：弓步架掌**

步型不动，右手快速收回腰间，左手向上变架掌，目视左前方（见图4-24）。

图4-24　弓步架掌

**动作六：并步抱拳（收势）**

右脚回步，左脚向右脚并步，两手抱于腰间，目视前方。右势动作与左势相同，但左右相反（见图4-25）。

图4-25　并步抱拳（收势）

## （五）尽忠报国

### 动作一：并步抱拳

两脚并步站立，成立正姿势，双手抱拳于腰间，目视前方（见图4-26）。

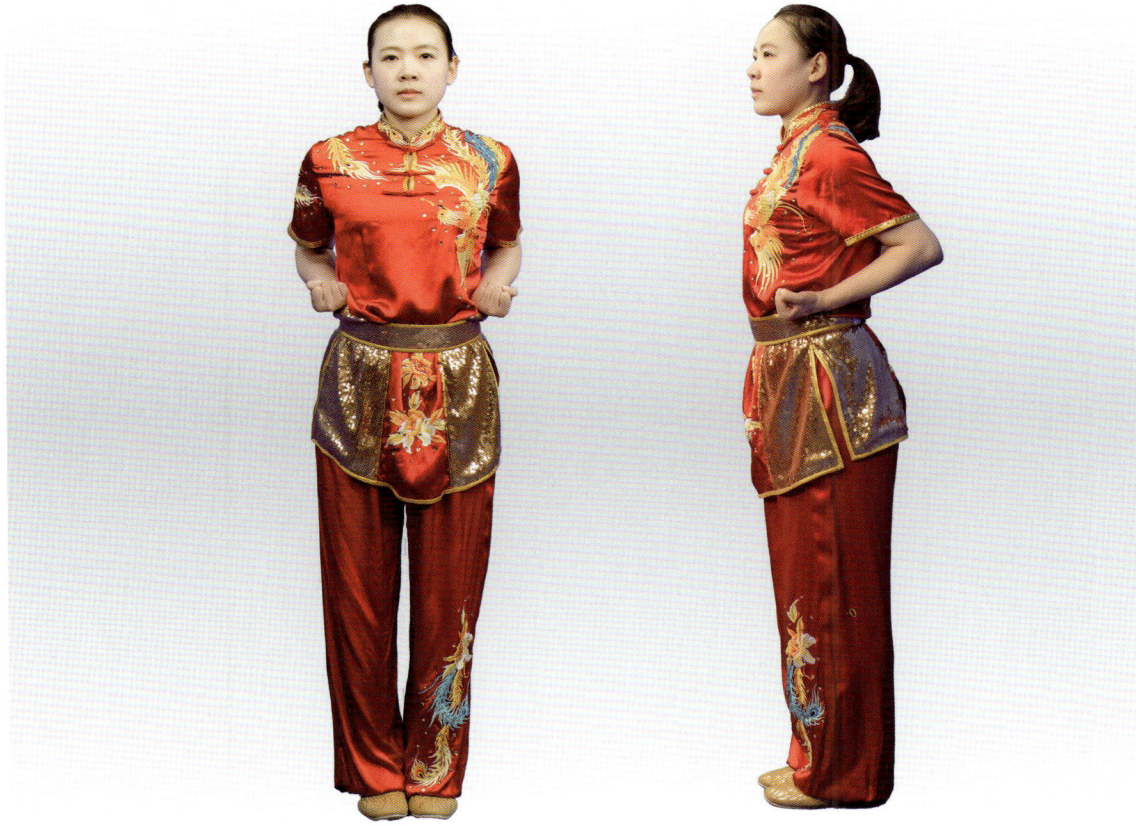

图4-26　并步抱拳

## 动作二：马步顶肘

左脚开步成马步，右手从腰间向右前方顶肘，目视右前方（见图4-27）。

图4-27　马步顶肘

**动作三：仆步亮掌**

右腿下势成仆步，右拳抱于腰间，左手成掌放于右腋旁，目视左前方（见图4-28）。

图4-28　仆步亮掌

**动作四：弓步双冲拳**

左脚上势成左弓步，双手向前冲出，与肩同高，目视左前方（见图4-29）。

图4-29　弓步双冲拳

**动作五：上步蹬脚**

快速起身直立的同时右脚向前成蹬脚，脚尖回勾，双手成后勾手，肩夹紧，目视左前方（见图4-30）。

图4-30　上步蹬脚

**动作六：虚步冲拳**

退右步成虚步，同时右勾手变拳，由下向前向上成上架拳，左手放于右腋下，目视左拳，左拳向前冲拳同时摆头，目视左拳（见图4-31）。

图4-31　虚步冲拳

**动作七：并步抱拳（收势）**

右脚回步，左脚向右脚并步，两手抱于腰间，目视前方。右势动作与左势相同，但左右相反（见图4-32）。

图4-32　并步抱拳（收势）

# 第五章

# 少年五行拳（第二套）

# 招式动作解析

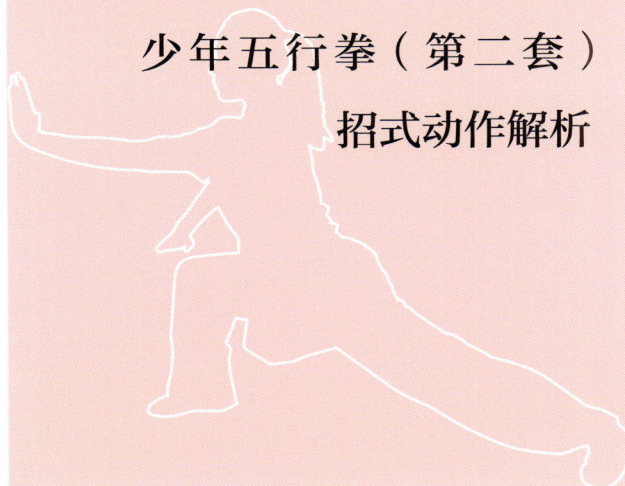

本章主要介绍第二套少年五行拳的招式，共有五个动作：撑天按地、左顾右盼、上下起伏、左右开合、左右转腰。与第一套少年五行拳的招式相比，第二套少年五行拳的招式更偏重于健身锻炼，动作也相对柔和。

## （一）撑天按地

### 动作一：开步调息（预备势）

　　两脚并步站立；两臂自然垂于体侧；身体中正，目视前方；随着松腰沉髋，身体重心移至右腿；左脚向左侧开步，脚尖朝前，约与肩同宽；两手向前上方慢慢平举，手心向上，与肩同高，然后微屈膝下蹲，两肘微屈，同时两手掌心向下，动作柔和、均匀、连贯、配合呼吸，上吸下呼。两腿膝关节稍屈，两臂下按至体侧，指尖朝前，目视前方。沉肩、垂肘、收髋敛臀，膝关节不超过脚尖，宁静心神，端正身形，从精神与肢体上做好锻炼前的准备（见图5-1、图5-2）。

图5-1　开步调息-1

图 5-2　开步调息 -2

**动作二：抱球式（右）**

膝盖下蹲，同时右手抬至胸前，掌心向下，左手至腹前翻腕，掌心向上，双手掌心相对环抱于身前，动作略停；右腋下虚掩；胸部宽舒，目视前方（见图5-3）。

图5-3　抱球势（右）

**动作三：**

两腿徐缓挺膝伸直；同时左掌上托外旋上穿经面前，举至头左上方，力达掌根，掌心向上，掌指向右；右掌微上托，随之臂内旋下按至右髋旁，力达掌根，掌心向下，掌指向前，动作略停；目视前方（见图5-4）。

图5-4　撑天按地—动作三

**动作四：抱球势（左）**

重心下蹲，同时左掌自然下落至胸前，右掌向上捧于腹前，双手掌心相对环抱于身前，动作略停。左抱球势动作与右势相同，但左右相反（见图5-5）。

图5-5　抱球势（左）

**动作五：**

两腿徐缓挺膝伸直；身体向左侧拉伸的同时，右掌经面前向斜上方推出，力达掌根，掌心向左，指尖朝下；左掌下按至约左膝旁，力达掌根，掌心向下，掌指向前，动作略停；目视左方（见图5-6）。

**动作六：收势**

收左步，肘微屈，两臂自然收回至体前与肩齐平，动作柔和、均匀、连贯、配合呼吸，上吸下呼（见图5-7）。

图5-6　撑天按地—动作五

图 5-7　收　势

**招式常见错误：**

（1）预备势呼吸急促，伸臂直膝。

（2）抱球势出现耸肩架肘。

（3）上撑时松懈断劲。

**纠正方法：**

（1）预备势开步缓慢，做到呼吸深长自然，起吸落呼。

（2）练习抱球势时，可以借用篮球抱于胸前，含胸拔背，精神集中。

（3）上撑时提腰拔体。

## （二）左顾右盼

### 动作一：开步调息（预备势）

　　两脚并步站立；两臂自然垂于体侧；身体中正，目视前方；随着松腰沉髋，身体重心移至右腿；左脚向左侧开步，脚尖朝前，约与肩同宽；两手向前上方慢慢平举，手心向上，与肩同高，然后微屈膝下蹲，两肘微屈，同时两手掌心向下，动作柔和、均匀、连贯、配合呼吸，上吸下呼。两腿膝关节稍屈，两臂下按至体侧，指尖朝前，目视前方。沉肩、垂肘、收髋敛臀，膝关节不超过脚尖，宁静心神，端正身形，从精神与肢体上做好锻炼前的准备（见图5-8、图5-9）。

图5-8　开步调息-1

图 5-9  开步调息 -2

**动作二：**

两膝缓缓伸直，双手经两侧向上抬至头上方成架拳，拳心向外，头微抬，目视前上方（见图5-10）。

图5-10　左顾右盼—动作二

**动作三：**

接上动，重心缓缓下蹲同时双拳变掌，掌心相对合于胸前，两掌内旋指尖与天突穴同高，肘关节向外，松肩柔脊，目视掌根、动作稍停（见图5–11）。

图5–11　左顾右盼——动作三

**动作四：**

接上动，膝盖缓缓上起，两掌翻腕外展摆至侧平举，两掌心向上同时头转向左侧，充分拉伸，转头不转体，两肩后张，目视左方（见图5-12）。

**动作五：**

两掌相合平行于胸前翻掌，掌心向下，重心下蹲，同时两掌下按至腹前，调整呼吸，收左脚成自然站立姿势，目视前方（见图5-13）。

图5-12　左顾右盼—动作四

图 5-13　左顾右盼—动作五

**招式常见错误:**

(1)预备势呼吸急促,伸臂直膝。

(2)快起快落,握拳紧张。

(3)两掌内收胸前时,或耸肩抬肘,或松肩坠肘。

(4)侧举手臂高低不齐,后撑力量不足,转头同时转动身体。

**纠正方法:**

(1)预备势开步缓慢,做到呼吸深长自然,起吸落呼。

(2)下落放慢速度,马步不要追求太低,强调握拳放松成空心拳。

(3)动作自然放松,注意调整幅度,肘肩同一高度。

(4)两臂侧举时自然伸直,与肩同高;转头时身体不要跟着转动。

## （三）上下起伏

**动作一：开步调息（预备势）**

两脚并步站立；两臂自然垂于体侧；身体中正，目视前方；随着松腰沉髋，身体重心移至右腿；左脚向左侧开步，脚尖朝前，约与肩同宽；两手向前上方慢慢平举，手心向上，与肩同高，然后微屈膝下蹲，两肘微屈，同时两手掌心向下，动作柔和、均匀、连贯、配合呼吸，上吸下呼。两腿膝关节稍屈，两臂下按至体侧，指尖朝前，目视前方。沉肩、垂肘、收髋敛臀，膝关节不超过脚尖，宁静心神，端正身形，从精神与肢体上做好锻炼前的准备（见图5-14、图5-15）。

图5-14　开步调息（预备势）-1

图 5-15　开步调息（预备势）-2

**动作二：**

左脚向左前方45度迈出成左弓步，同时两掌从腰间向上、向前划弧至体前，略高于肩，两掌背相对靠拢，目视两掌方向（见图5-16）。

图5-16 上下起伏—动作二

**动作三：**

身体重心后移；左膝伸直，全脚掌着地；右腿屈膝，低头，弓背，收腹；舌抵下颚，背部形成弓状，使腰、背部得到充分伸展（见图5-17）。

图5-17　上下起伏—动作三

**动作四：**

身体重心前移；上体抬起，挺胸，塌腰、右腿伸直；左腿屈膝，成左弓步，松肩沉肘，两掌下按至体侧髋旁，掌心向下，肘微曲，目视远方，动作稍停（见图5-18）。

**动作五：**

肘微屈，两臂自然收回至体前与肩齐平，动作柔和、均匀、连贯、配合呼吸，上吸下呼（见图5-19）。

图 5-18 上下起伏—动作四

图5-19 上下起伏—动作五

**招式常见错误：**

（1）预备势呼吸急促，伸臂直膝。

（2）重心不稳，上体紧张歪扭。

（3）背部"横弓"与躯干"竖弓"不够明显。

（4）重心前移成弓步时膝盖超过脚尖。

**纠正方法：**

（1）预备势开步缓慢，做到呼吸深长自然，起吸落呼。

（2）落步时放慢速度，弓步不要追求太低，保持两脚横向宽度。

（3）加大两肩内旋幅度，可增大收胸程度，头、髋前伸；收腹后项，可增大躯干的后弯幅度。

（4）身体向前充分拔伸时应注意将重心放在前脚掌上。

## （四）左右开合

动作一：开步调息（预备势）

两脚并步站立；两臂自然垂于体侧；身体中正，目视前方；随着松腰沉髋，身体重心移至右腿；左脚向左侧开步，脚尖朝前，约与肩同宽；两手向前上方慢慢平举，手心向上，与肩同高，然后微屈膝下蹲，两肘微屈，同时两手掌心向下，动作柔和、均匀、连贯、配合呼吸，上吸下呼。两腿膝关节稍屈，两臂下按至体侧，指尖朝前，目视前方。沉肩、垂肘、收髋敛臀，膝关节不超过脚尖，宁静心神，端正身形，从精神与肢体上做好锻炼前的准备（见图5-20、图5-21）。

图5-20　开步调息（预备势）-1

图 5-21　开步调息（预备势）-2

**动作二：**

左脚向左前方迈出成左弓步，同时左掌放于左腰间，掌心向内，右掌向上、向前划弧至体前，高与肩平，指尖朝前，目视两掌方向（见图5-22）。

图5-22　左右开合—动作二

**动作三：**

接上动，步型不变，左掌变八字掌放于腰间，右掌屈指成"爪"，目视前方（见图5-23）。

图5-23　左右开合—动作三

**动作四：**

重心前移至左腿，右腿向左后方插步成交叉步，同时左八字手放于右臂内侧，犹如拉弓射箭之势，展肩扩胸，动作略停，目视左掌方向（见图5-24）。

图5-24  左右开合——动作四

**动作五：**

回右步，同时两掌从身体两侧捧气上提，平行于体前，翻腕掌心向下，重心下蹲，同时两掌下按至腹前，调整呼吸，目视前方（见图5-25）。

图5-25　左右开合—动作五

**招式常见错误：**

（1）预备势呼吸急促，伸臂直膝。

（2）手脚不协调，同手同脚。

（3）身体歪斜，撑臂拉弓不够充分。

（4）左右手臂不成一条直线，拔体不够。

**纠正方法：**

（1）预备势开步缓慢，做到呼吸深长自然，起吸落呼。

（2）出脚时注意同方向手抱于腰间。

（3）交叉步尽量打开，落步缓慢平稳。

（4）百会上领，沉肩充分。

## （五）左右转腰

**动作一：开步调息（预备势）**

两脚并步站立；两臂自然垂于体侧；身体中正，目视前方；随着松腰沉髋，身体重心移至右腿；左脚向左侧开步，脚尖朝前，约与肩同宽；两手向前上方慢慢平举，手心向上，与肩同高，然后微屈膝下蹲，两肘微屈，同时两手掌心向下，动作柔和、均匀、连贯、配合呼吸，上吸下呼。两腿膝关节稍屈，两臂下按至体侧，指尖朝前，目视前方。沉肩、垂肘、收髋敛臀，膝关节不超过脚尖，宁静心神，端正身形，从精神与肢体上做好锻炼前的准备（见图5-26、图5-27）。

图5-26　开步调息（预备势）-1

图5-27 开步调息（预备势）-2

**动作二：**

上动不停，两腿徐缓挺膝伸直；同时，两掌于腹前向上托起，掌心向上，目视前方（见图 5-28 ）。

图 5-28　左右转腰—动作二

动作三：

上动不停，两掌托于胸前；翻腕掌心朝前，两掌向前推出，指尖相对，肘微曲；同时上体前俯，充分伸展脊柱，动作稍停，目视前方（见图5-29）。

图5-29　左右转腰—动作三

**动作四**：

接上动，两手不动，头向左后转，目视尾闾，同时臀向左前扭动（见图5-30）。

图5-30　左右转腰—动作四

**动作五：**

接上动，两腿屈膝下蹲，收腹含胸，充分伸展脊柱，同时两手下划弧至膝前，掌心向上缓缓捧气，上体抬起，两掌经体前掌心相对，同时屈膝下蹲，身体左转45度，左脚抬起，重心上移；两掌经体前掌心相对探出，左脚跟落步于左前方45度；两掌前插，掌心相对，右脚弯曲，左脚蹬直，脚尖朝上，动作稍停，目视前方（见图5-31、图5-32）。

图5-31　左右转腰——动作五-1

图 5-32　左右转腰—动作五-2

**动作六：**

接上动，两掌变拳，沿左腿两侧上拉，同时身体缓缓向上抬起。两拳拉至腰间变掌，放松还原。调整呼吸，目视前方（见图5-33）。

**常见错误：**

（1）预备势呼吸急促，伸臂直膝。

（2）左右转腰时低头哈腰，两腿弯曲。

（3）尾闾摆动幅度小。

（4）斜前方45度出脚，腿弯曲。

**纠正方法：**

（1）预备势开步缓慢，做到呼吸深长自然，起吸落呼。

（2）俯身时，臀部上提。

（3）左右转腰时身体充分拔伸，手臂带动身体向前牵拉。

图5-33　左右转腰—动作六

# 附录一　少年五行拳课程的开发背景与设计理念

## 一、少年五行拳课程的开发背景

加强中华优秀传统文化教育，是深化中国特色社会主义教育的重要组成部分，是构建中华优秀传统文化传承体系、推动文化传承创新的重要途径，是培育和践行社会主义核心价值观、落实立德树人根本任务的重要基础。武术是中华民族传统文化的瑰宝，是承载着我们民族的信仰、崇拜、生活模式、文化思想的身体语言，它与中国的古典哲学、军事思想、文化艺术、医学理论、社会习俗等相互联系，相互作用，共同组成绚烂多姿的中国文化。

《义务教育课程方案和课程标准（2022年版）》将中华传统体育项目分为武术类运动项目和其他民族民间传统体育类运动项目，其中武术类项目有助于弘扬立身正直、见义勇为、自强不息、厚德载物的尚武精神，促进学生理解和践行中华民族传统武术文化。因此，有必要适时启动课程标准修订和课程开发的研究论证、试点探索和推广评估工作，鼓励各地各学校充分挖掘和利用本地中华优秀传统武术文化教育资源，开设专题的地方课程和校本课程，推动武术教育走进校园。

上海市青浦区是全国武术之乡，有着浓厚的传统武术文化氛围，中小学普遍开展了武术教育：凤溪小学、朱家角小学、实验小学、崧泽学校、博文学校、凤溪中学、青浦高级中学等学校的武术特色社团、武术专业训练队开展得有声有色。然而，随着学校武术运动的开展，如何更好地激发学生对武术的兴趣、对中国传统武术文化的认同和热爱，并通过武术运动培养学生的意志品质等也成为青浦区体育工作者迫切需要面对的问题。针对该问题，青浦区武术教师团队开发了少年五行拳课程。

## 二、少年五行拳课程的设计理念

少年五行拳将武术动作和"五行"相结合，把"以人为本"的两大体系"五行""武术"通过合理易学的武术组合浓缩提炼，叠加起来，搭配武术中的手、眼、身法、步型、演练、协调、意识等，创编出五个层面不同风格的级别，同时根据少儿不同年龄、接受能力、兴趣、发育特点，使少年学生在通过习武强身健体的同时，能更好地从中领略中华武术文化，培养良好的道德品质。

# 附录二　少年五行拳的课程目标

## 一、少年五行拳课程总目标

第一，通过学习少年五行拳课程，掌握武术基本动作、礼仪、少年五行拳基本知识和运动技能；掌握相关武术体能方法并积极参与练习。学会欣赏武术比赛，享受武术运动的乐趣，了解武术的健身原理和强健体魄的方法。

第二，通过学习少年五行拳课程，理解武术锻炼对健康的重要性，积极参加校内外武术锻炼，养成体育锻炼的习惯；学会运用武术锻炼调控自己的情绪，保持包容、豁达、乐观、开朗的良好心态；知道少年五行拳的锻炼方法和注意事项。逐渐形成终身锻炼的意识。

第三，通过学习少年五行拳课程，理解参与武术学练对品德塑造的重要性；在参与武术学练和比赛中，培养相互尊重、积极超越、追求进步、弘扬正气、持之以恒、坚韧不拔、乐于助人的优良品质和责任意识、团队意识，使人格得到全面发展；能将武术学练中养成的良好体育品德迁移到日常生活中；传承中华优秀传统文化，弘扬中国传统武术精神，形成正确的价值观和人生观，树立文化自信和民族自豪感。

## 二、少年五行拳课程学段目标

少年五行拳课程学段目标见附表2-1。

**附表 2-1　少年五行拳课程学段目标**

| 学段 | 学段目标 |
|---|---|
| 小学阶段（一至五年级） | 1. 掌握少年五行拳的基本动作和简单组合动作；能说出所学的动作术语；体能水平有所提高<br>2. 能与同伴交流，相互帮助；在少年五行拳学练时能正确地采取自我安全防护措施<br>3. 按照要求进行少年五行拳学练，文明礼貌、遵守规则 |

（续表）

| 学段 | 学段目标 |
|---|---|
| 初中阶段（六至九年级） | 1. 掌握少年五行拳的基本功、基本动作和套路动作；能描述少年五行拳的基本动作技术要领和特点；体能水平进一步提高<br>2. 养成运用少年五行拳进行体育锻炼的习惯，能克服消极情绪，做到相互尊重；能提醒同伴注意安全防护<br>3. 按照少年五行拳的基本规则和要求进行课堂比赛，展现出弘扬正气、坚韧不拔的品质，表现出团结合作、公平竞争的精神，能接受比赛结果 |
| 高中阶段（十至十二年级） | 1. 在展示或比赛中运用少年五行拳的基本功、基本动作和套路动作；能描述青浦武术文化，解释少年五行拳动作的基本原理；体能水平有较大提高；能担任课堂教学比赛的裁判<br>2. 在生活中运用少年五行拳进行锻炼；能保持良好的情绪，与同伴友好相处；能运用少年五行拳进行身心恢复<br>3. 在少年五行拳的展示或比赛中能遵守规则、尊重裁判、尊重对手；传承中华传统文化，弘扬中国传统武术文化，树立文化自信和民族自豪感。 |

# 附录三　少年五行拳的课程内容与教学安排

## 一、少年五行拳课程内容

少年五行拳搭配武术中的手、眼、身法、步型、演练、协调、意识等，创编出五种不同风格的武术内容。

少年五行拳有两套功法。第一套主要是以武术长拳基本功为基础风格，具有拳势舒展，快速有力，节奏鲜明的特点。每一节动作名称融合成语典故（初出茅庐、凿壁借光、闻鸡起舞、磨杵成针、尽忠报国）让学生结合武术动作，感受中华文化的魅力。第二套是以武术锻炼功法及内家拳（太极拳）为基础风格，刚柔相济、灵巧多变、攻守兼备的武术招式，具有拳势动作舒展，伸筋拔骨，柔和匀称，动静结合，精神放松，呼吸自然的特点。

少年五行拳课程主要教授两套功法，每套功法下各有五种相应的武术内容。

## 二、少年五行拳课程的教学安排

教学安排原则：学校保障课程的教学场地与器材。依据学校实际情况、课程内容等安排年级、课务等工作。有条件的学校可以成立少年五行拳教学组（明确人员分工）。课程选择遵循教师和学生自愿原则。教学模式为理论与实践相结合。

实施过程：确定任课教师、授课对象和课程开设时间。任课教师要有武术专长、相关知识和实践能力。授课对象为一年级至十二年级的学生。课程开设时间要根据国家课程和学校课程特点，结合学校体育课程实际情况、课程内容结构等进行统筹安排。授课安排：一学年总课时三十六课时；每学期的总课时控制在十八课时左右；每周一课。活动安排课程类型：自选课、活动课、体育课。选课方式：学生自主选课与教师双向选择相结合。学习方式：模仿学练、信息技术学习、小组合作学习、小组探究学习、分组竞赛、个人演练、集体演练。

少年五行拳（第一套）教学进度安排见附表3-1；少年五行拳（第二套）教学进度安排见附表3-2。

**附表 3-1 少年五行拳（第一套）教学进度安排**

| 单元 | 主题 | 课题 | 课时 |
|---|---|---|---|
| 第一单元 | 基本功 | 走近武术文化 | 2 |
| 第二单元 | 初出茅庐 | 武术基本动作一 | 3 |
| 第三单元 | 凿壁借光 | 武术基本动作二 | 3 |
| 第四单元 | 闻鸡起舞 | 武术基本动作三 | 3 |
| 第五单元 | 磨杵成针 | 武术基本动作四 | 3 |
| 第六单元 | 尽忠报国 | 武术基本动作五 | 3 |
| 第七单元 | 主题展示交流 | 我是武术小达人 | 1 |

**附表 3-2 少年五行拳（第二套）教学进度安排**

| 单元 | 主题 | 课题 | 课时 |
|---|---|---|---|
| 第一单元 | 基本功 | 走近武术文化 | 2 |
| 第二单元 | 撑天按地 | 武术基本动作一 | 3 |
| 第三单元 | 左顾右盼 | 武术基本动作二 | 3 |
| 第四单元 | 上下起伏 | 武术基本动作三 | 3 |
| 第五单元 | 左右开合 | 武术基本动作四 | 3 |
| 第六单元 | 左右转腰 | 武术基本动作五 | 3 |
| 第七单元 | 主题展示交流 | 我是武术小达人 | 1 |

# 附录四　少年五行拳的课程评价

## 一、少年五行拳课程评价原则

### （一）课标性原则

课程评价体现体育与健康学科课程标准理念，践行新课标的评价要求，促使武术教学朝着培养学生核心素养的方向发展。一方面，课程评价应有利于学生在学科核心素养方面的发展和进步，提高学生的运动能力、健康素养、体育品德。另一方面，课程评价还应当有利于教师教学理念的转变和更新，有利于教师总结教学经验，提高教学能力。

### （二）科学性原则

评价指标的确定和评价方法的选择应以体育与健康学科的特点和新课程标准为依据，符合学生的生理、心理等特征及认知能力水平。评价要关注学生身心和谐发展以及中华传统文化的学习、传承。

### （三）整体性原则

评价对象要全面，要包含课程目标、教师的教学、学生的学练等。要多角度、全过程地进行评价，体现评价的整体性。在评价教师与学生时，要对不同时段的表现差异进行对比，通过评价教师和学生的发展与进步来激励教与学。评价时要关注学生合作意识的培养、合作能力的提升、自信心的增强，促使学生形成竞争意识、抗挫意识、团队意识。

### （四）操作性原则

评价指标、评价方法应简单明晰、操作性强，不宜烦琐，同时避免操作负担过重。根据武术教学的特点，采用定性评价与定量评价、自评与互评、过程评价与结果评价相结合的方式，使评价有机融入武术课堂教学。

## 二、少年五行拳课程评价内容、标准和方法

### （一）少年五行拳课程评价内容

1.对课程方案的评价

对课程方案的评价包括：课程方案是否符合学校办学定位和理念、课程内容是否合适、内容的设计是否符合本校课程资源、课程组织方式是否恰当、课程评价方法是否符合学科核心素养理念等。

2. 对课程实施的评价

对课程实施的评价包括：教学进度、单元教学设计、课时教学设计等。实施评价在以授课教师自我评价为主的同时，可以让学生、同行教师、专家、校长等进行评价，评价建议要有利于实施本课程的教师专业发展。

3. 对学生学练的评价

对学生学练的评价包括：学练过程中的运动能力、健康行为、体育品德等。评价要有利于促进学生体育学科核心素养的发展。在评价中，注重学生的主体地位，重视学生对少年五行拳的感受（兴趣程度、成功感受）。评价学生学练的主要内容包括：学习目标完成情况、学习内容掌握情况、武术技能提升情况、技能展示、课堂参与度等。

## （二）少年五行拳课程评价标准

少年五行拳课程评价要具有灵活性、可操作性的特点，不是封闭、不可变的，要具有针对性；要根据武术教学的基本要求结合学校、师资和学生等因素制定；应有助于授课教师树立正确教育理念，注重师生、学生之间的互动。

授课教师应根据学生和教学的实际情况来制定学习评价；注意学生之间的个体差异，使用多维度、多种评价方法进行综合评价，发挥评价的作用；应致力于让所有学生在学习武术的过程中了解武术动作基础和武术文化，促进学生向多样化、个性化的方向发展。

## （三）少年五行拳课程评价方法

1. 学习评价的方法

少年五行拳课程要求学习评价多样化，其评价方法包括：定量评价、定性评价、过程评价、结果评价。只有多样化评价才能科学地评价学生的运动能力、健康行为、体育品德状况。学习评价的方法见附图4-1。

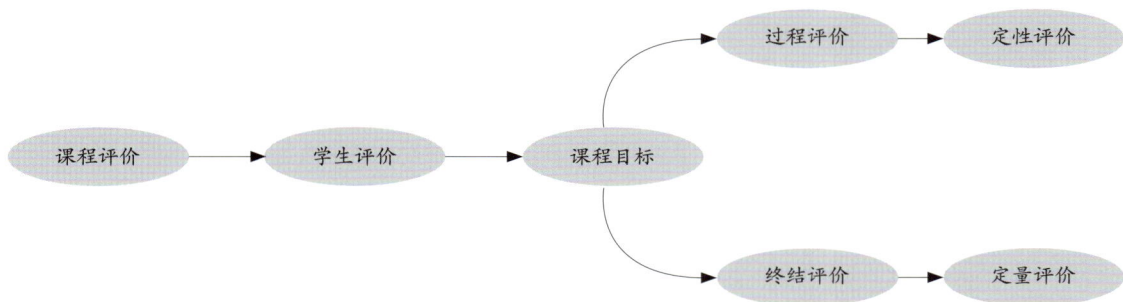

附图4-1　少年五行拳学习评价的方法

（1）定量评价。

定量评价是指运用科学的测试方法和测量技术对学生学习少年五行拳的行为表现进行测定和统计，它具有客观、精确、量化的特征。

（2）定性评价。

定性评价是指运用观察、比较、记录、分析等手段对学生学习少年五行拳的行为表现进行文字描述。

（3）过程评价。

过程评价是对学生学习少年五行拳课程的过程进行评价。授课教师通过了解学生在学习少年五行拳过程中存在的问题，修改教学计划、改进教学方法，提升教学效率。

（4）结果评价。

结果评价是指授课教师在少年五行拳课程期末考核时对学生的学练成果进行评价。教师通过评价了解学生学到了什么、掌握了什么，以正确判定教学效果，为教师提供有效的教学数据资料。

2. 课堂教学评价的方法

少年五行拳课堂教学评价应采用领导评价、专家评价、同行评价、教师自我评价、学生评价教师等多种形式。评价应对激发教师动力、促进教师自我反思、提升教学能力、促进教师发展等起到积极作用。

（1）领导评价。

领导评价是指教育行政领导、学校校长和教导主任对授课教师进行评价。领导客观、公正地评价授课教师的教学能力、教学素养等是一种能够促进教师发展的外部机制。

（2）专家和同行评价。

专家评价是指相关教育专家对授课教师的评价；同行评价是指体育教师对授课教师的评价。专家和同行对授课教师的教学技能等方面进行评价时，提出的建议应具有专业性、科学性、针对性，以确保评价效果。

（3）教师自我评价。

教师自我评价能帮助授课教师提高自身素养，是自我认识、自我提高、自我分析的内在机制。学校要提倡教师进行自我评价，并反思教育教学行为，提高教育教学能力。

（4）学生评价教师。

学生是学习过程的主体，他们对教学目标是否达成、师生关系是否良好都有较深刻的了解，对学习环境的描述与界定也较客观。学生评价教师比其他评价人员更为细致周全，有助于授课教师提升教学能力。